U0894521

中国潜水打捞行业协会休闲潜水系列丛书

高氧潜水

主　编： 王　奇　王佐恺

副主编： 刘　芳

编　委：（按姓氏笔画排列）

于澎涛　王丽丽　孙　斌　张少华　赵丙坤

主　审： 宋家慧

中国海洋大学出版社

·青岛·

图书在版编目（CIP）数据

高氧潜水 / 王奇，王佐恺主编. —青岛：中国海洋大学出版社，2019.11

（中国潜水打捞行业协会休闲潜水系列丛书）

ISBN 978-7-5670-1805-1

Ⅰ.①高…　Ⅱ.①王…　②王…　Ⅲ.①潜水运动—教材　Ⅳ.①G861.5

中国版本图书馆 CIP 数据核字（2019）第 239202 号

出版发行　中国海洋大学出版社
社　　址　青岛市香港东路23号　　**邮政编码**　266071
网　　址　http://pub.ouc.edu.cn
出 版 人　杨立敏
责任编辑　邹伟真
电　　话　0532-85902533
电子信箱　zwz_qingdao@sina.com
印　　制　青岛国彩印刷股份有限公司
版　　次　2019年11月第1版
印　　次　2019年11月第1次印刷
成品尺寸　170 mm × 230 mm
印　　张　4
字　　数　55千
印　　数　1-1000
定　　价　90.00元
订购电话　0532-82032573（传真）

发现印装质量问题，请致电0532-58700168，由印刷厂负责调换。

中国潜水打捞行业协会休闲潜水系列丛书

编委会

前言 FOREWORD

休闲潜水是一项充满挑战性和趣味性的休闲活动，在美好生活需求日益增长的今天，越来越受到人们的喜爱。为了满足社会对休闲潜水快速发展的需求，中国潜水打捞行业协会（China Diving & Salvage Contractors Association，简称CDSA）顺势而为，建立了我国休闲潜水培训架构体系，旨在培养更多更优秀的休闲潜水教练和潜水员，推动中国潜水行业发展，谱写新时代下中国休闲潜水发展的新篇章。

“CDSA休闲潜水系列丛书”由中国潜水打捞行业协会主导，非工程潜水技术专业委员会青岛海洋技师学院负责组织人员编写。

本丛书遵循CDSA发布的团体标准架构体系，包括了从休闲潜水员入门至休闲潜水教练级别的《开放水域潜水员》《进阶潜水员》《救援潜水手册》《潜水长手册》《高氧潜水》等课程。随着中国休闲潜水行业的蓬勃发展，未来会有更多专长课程丛书列入。

青岛海洋技师学院是中国潜水打捞行业协会非工程潜水技术专业委员会依托单位，中国潜水打捞行业协会潜水员培训基地，中国首批休闲潜水培训基地。学院受协会委托组织编写本套丛书，在编写过程中，中国潜水打捞行业协会给予了大力指导，非工程潜水技术专业委员会委员单位给予了有力支持。正是因为有了各方面的帮助，使得本丛书内容更加丰富与完善，在此向他们表示衷心的感谢！

在编写过程中，我们力求“CDSA休闲潜水系列丛书”科学合理，能够符合广大休闲潜水爱好者、休闲潜水教练的需要。但限于编者的水平，错漏难免，希望潜水专业人士和读者不吝指正，以利于下一版的改进。

“CDSA休闲潜水系列丛书”编委会

2019年4月26日

2008年6月2日，经国家民政部批准，中国潜水打捞行业协会在北京正式成立，我国潜水打捞行业政府监管、行业自律管理的发展体制和机制初步形成。

中国潜水打捞行业协会系国家一级社团组织，是从事各类潜水、打捞、救助、海洋及水下工程、船舶及设施建造、潜水打捞装备装具制造、潜水医学保障、海洋海事科研、教学、培训、保险等相关机构自愿结成行业性和非营利性社会团体。中央和国家机关工委、民政部、交通运输部为本行业协会领导、管理和业务指导部门。

十年磨砺，荣光初就。至2019年，中国潜水打捞协会会员单位已由起步时的114家发展至近500家，协会下设4个办事处、9个专业委员会。十几年来，协会逐步发展成为国内外富有影响力的行业社团组织。

协会的宗旨：围绕国家发展大局，引导和规范本行业自律行为，维护本行业及会员合法权益，组织和协调行业内关系，助推和提升本行业整体管理水平和服务能力，发挥政府与企事业之间以及政府与社会之间的桥梁和纽带作用，承担应尽的社会责任和义务。

在党的十九大精神指引下，中国潜水打捞行业协会正满怀信心向建设一流行业组织的目标迈进。

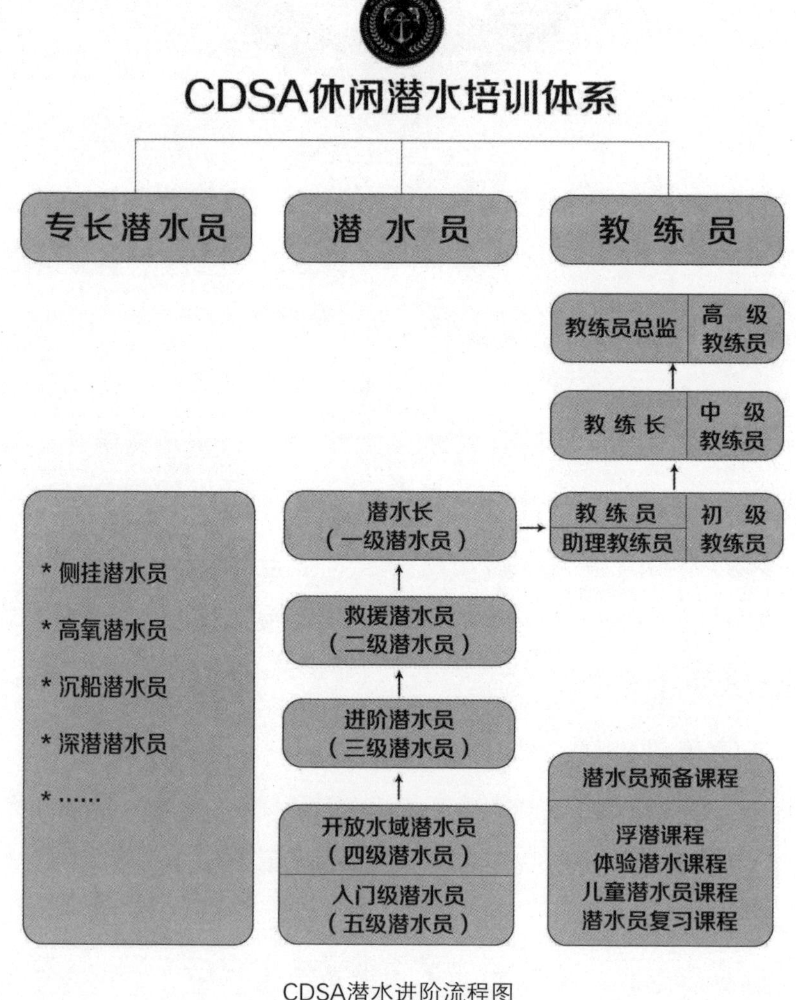

CDSA潜水进阶流程图

目录 CONTENTS

第一单元

走近高氧潜水

在学习完开放水域潜水员课程后，欢迎继续了解接下来的高氧课程。

高氧课程中，教练会带您进行课堂学习，掌握更多的理论来保证您的安全。

在参加高氧潜水之前，潜店会检查高氧执照。请按潜店要求提供，否则潜店有权拒绝您进行高氧潜水！

那么现在，就来更多地了解高氧潜水吧。

本单元学习内容：

※ 什么是高氧

※ 高氧潜水历史

※ 为什么要用高氧

一、什么是高氧

在开放水域潜水员课程中潜水员学到了气瓶中气体的成分，即压缩空气的成分，这其中包含了约78%的氮气、约21%的氧气和约1%的其他气体。通常来说，我们可以认为一个普通气瓶内空气的组成是79%的氮气和21%的氧气。

在开放水域潜水课程中我们也学习了为预防减压病需要控制体内的氮气暴露值。如果调高呼吸气体中氧气的百分比，相对来说氮气的百分比便会减少。可以通过这种方法来提高呼吸气体中氧气的比例。

“高氧”是潜水员对“含氧量较高的氮氧混合气体”的简称，通常将氧气含量超过21%的气体叫作高氧气体（Enriched Air Nitrox，也称为富氧空气），用缩

图1–1　使用高氧潜水观赏水底风景

写EAN来表示，后面加上氧气百分比数字。例如，氧气含量为32%的高氧气体，称为EAN32。在休闲潜水中，潜水员所用的气体是不超过EAN40的气体。

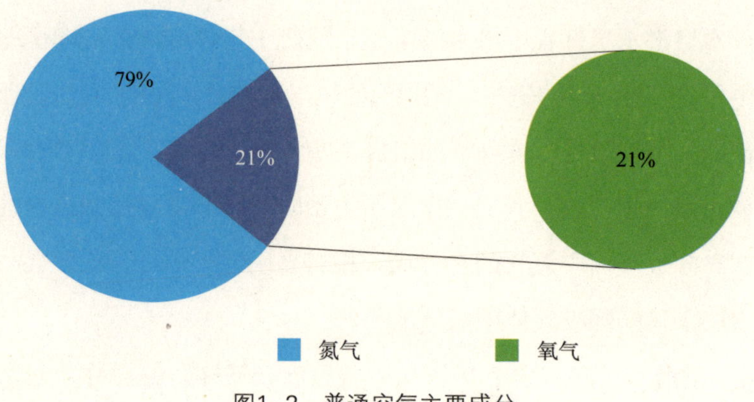

图1–2　普通空气主要成分

与休闲潜水相比较，高氧潜水气瓶中氧含量比较高，它的作用是通过提高混合气体中的氧含量，降低潜水员在潜水中呼入的氮气含量，从而降低潜水员的氮气暴露值。

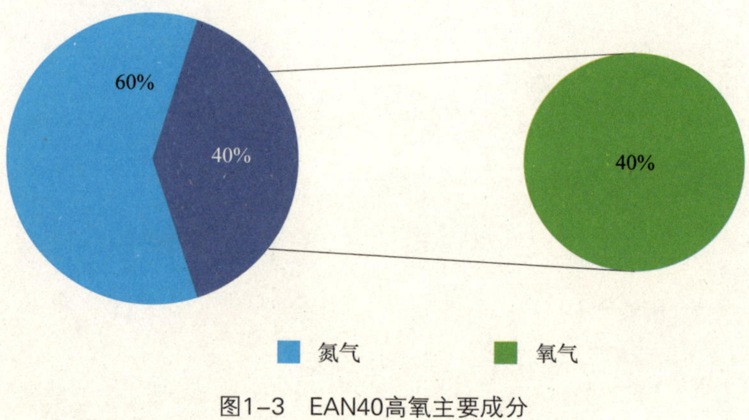

图1–3　EAN40高氧主要成分

二、高氧潜水历史

Enriched Air Nitrox

图1–4　高氧标签

高氧混合气体的使用记录始于19世纪，最初应用于商业潜水。美国海军于1959年引入高氧计算公式和高氧计划表，之后有一些休闲潜水中的技术潜水员开始在休闲潜水中应用高氧气体。早期只有美国海军和美国国家海洋和大气管理局（NOAA）对高氧有着一定的了解和重视，随着大家对高氧气体越来越多的了解，现在高氧气体也在普通休闲潜水中流行起来。

高氧气体是气瓶内氧气含量为21%～99%的气体，而在休闲潜水中，高氧气体是指氧气含量为21%～40%的气体，一般为32%～40%。

三、为什么要用高氧

压缩空气和高氧气瓶中最主要的成分还是氧气和氮气，氧气在人体的新陈代谢过程中起到非常重要的作用，而氮气是一种惰性气体，人体无法对其利用或转化。

在开放水域潜水员课程中学到，潜水员在水下呼吸空气时，停留在水下时间越长，下潜得越深，人体吸入的氮气就越多。当人体中的氮含量过高，体内多余的氮气有可能在上升过程中形成气泡，导致减压病（DCS）。

而在同样的潜水计划中，使用高氧气体呼吸降低了氮气的百分比，所以，在同样的深度，使用高氧气体潜水停留的时间比使用普通压缩空气更长；同样的深度和潜水时间，使用高氧气体进行潜水人体吸入的氮气更少，提高了安全系数。

图1-5　海底美景

除了延长免减压停留时长极限以外，使用高氧气体潜水，意味着吸入的氮含量会比普通空气潜水要少，在潜水之后需要排出的氮自然也相应减少。所以在相同条件下，使用高氧潜水还有减少水面停留时长的好处。使用高氧潜水后需要的排氮时间也相对变少。

使用高氧潜水存在着一些风险，如氧中毒或者遇到明火容易引起燃烧爆炸，但是无可否认它为潜水员带来的好处也是很明显的。

使用高氧潜水，可以：

※ 延长免停留潜水时间

※ 避免接近免停留极限

※ 减少多次潜水时身体的氮负荷

图1-6　使用高氧进行潜水

小贴士

Nitrox意为氮气和氧气的混合气体，我们通常称高氧气体为Enriched air Nitrox或者Enriched Air。

随着大家对高氧气体的了解和应用，高氧潜水也越来越受到广大潜水员的欢迎。世界上很多潜水中心、度假村以及船宿都可以提供高氧气瓶供大家使用，请记得携带您的高氧执照。请注意，在高氧气瓶打气机周围和高氧气瓶聚集的地方，不可吸烟！

第二单元

了解相关物理学知识

之前的学习中，潜水员掌握了氧气分压的概念；在高氧专长的学习中，需要更详细地扩展这方面的知识。

本单元学习内容：

※ 水中压力

※ 波义耳定律

※ 道尔顿定律

※ 亨利定律

一、水中压力

生活在陆地的时候，人体受到的压力是大气压，因为空气压力在所有方向上都是一样的，平时无法明显感觉到压力的存在。而当浸没到水中时，由于水是有质量的，所以在水中会受到水压。潜水员也能感觉到这种压力带来的不同感觉，如鼓膜会有受到压力的感觉，如果深度快速变化，鼓膜会有疼痛的感觉。

空气的质量大约是1.293 g/L，而淡水的质量为1 kg/L，海水的质量为1.025 kg/L。水的质量约是空气的792倍。陆地上的气压为一个大气压，为1 bar（读音：1巴）或一个大气压（atm），我们认为海平面的压力为1 bar。水的密度和质量都远大于空气，所以在海水中，深度每增加10.2 m，便会增加1 bar的压力，为了方便计算，我们将每增加10 m的深度，按照增加1bar的压力进行计算。再加上大气的压力，当您在10 m的水深时，身体承受的压力是2 bar。

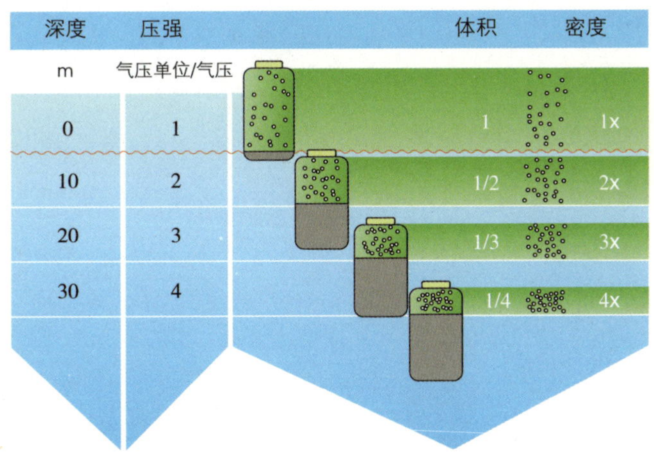

图2-1　不同深度压力对比图

水中深度和压强转换非常简单，只要记住，压强是水中水压加1个大气压就好了，具体公式为：压强（bar）=（深度 / 10）+ 1。

小贴士

当海拔超过300 m时，大气压力与海平面的压力相差明显，这时要求我们用完全不同于海平面的规则来计算潜水计划。所以在参加300 m以上海拔地区潜水之前，必须进行相关的训练，高海拔地区潜水专长课程会让潜水员了解高海拔地区潜水的装备及潜水计划，请向您的教练询问高海拔地区潜水专长课程的详细信息。

二、波义耳定律

在开放水域课程中学过气体压力、密度和体积之间的关系，当潜水员带着一颗充好气的气球下潜，到达10 m时周围压力为水面的两倍、气球内的气体密度也变成两倍、气球体积变成原本的一半；从水下上升也是一样的道理，在水下10 m把一个气球充满气，当上升到水面时压力减半、密度减半，气体体积变成两倍。这就是著名的波义耳定律（Boyle's law）。

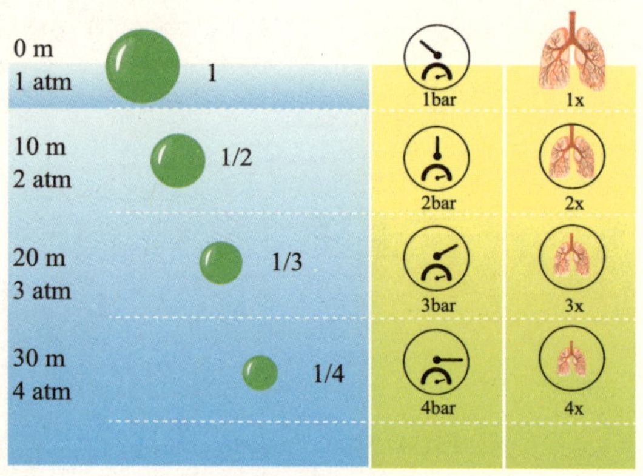

图2-2　波义耳定律

化学家罗伯特·波义耳在1662年提出，在密闭容器中的定量气体，在恒温下，气体的压强和体积成反比关系。简单来说便是在定量定温下，理想气体的体积与压强成反比。

波义耳定律公式：$P_1 \times V_1 = P_2 \times V_2$

P_1：初始压力

V_1：初始体积

P_2：变化后的压力

V_2：变化后的体积

由于人体中肺部形成的空腔周围是柔软的，内部气体压力等于周围环境压力；而骨骼形成的空腔如鼻窦，就需要通过平衡压力的技巧来进行内外压力的平衡。

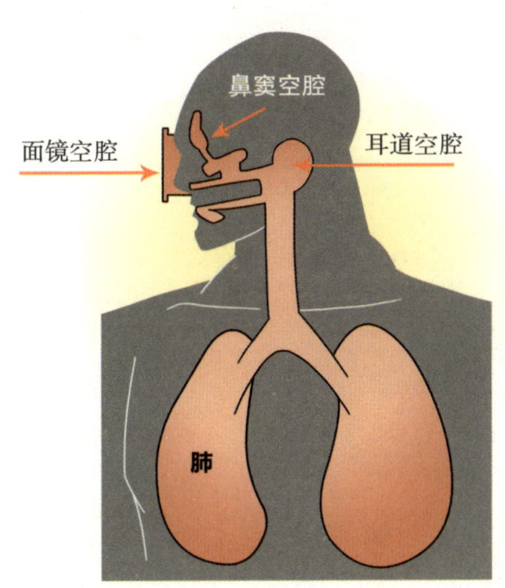

图2–3　人体空腔示意图

三、道尔顿定律

道尔顿定律（也称道尔顿分压定律）描述的是理想气体的特性。这一经验定律是在1801年由约翰·道尔顿所观察得到的。在任何容器内的气体混合物中，如果各组分之间不发生化学反应，则每一种气体都均匀地分布在整个容器内，每种成分的气体在混合气体中所占的百分比是不变的。

气体分压（Partial Pressure）指在混合气体中，相同温度下每种气体成分在原始气体中都有一个气体分压值，表示这个成分在气体总体积中的含量。理论上来说，混合气体的总压力是各种成分气体分压的总和。我们用分压来表示某种气体在总气体中的含量，比如在普通空气中，氧气分压为0.21，氮气分压为0.79。

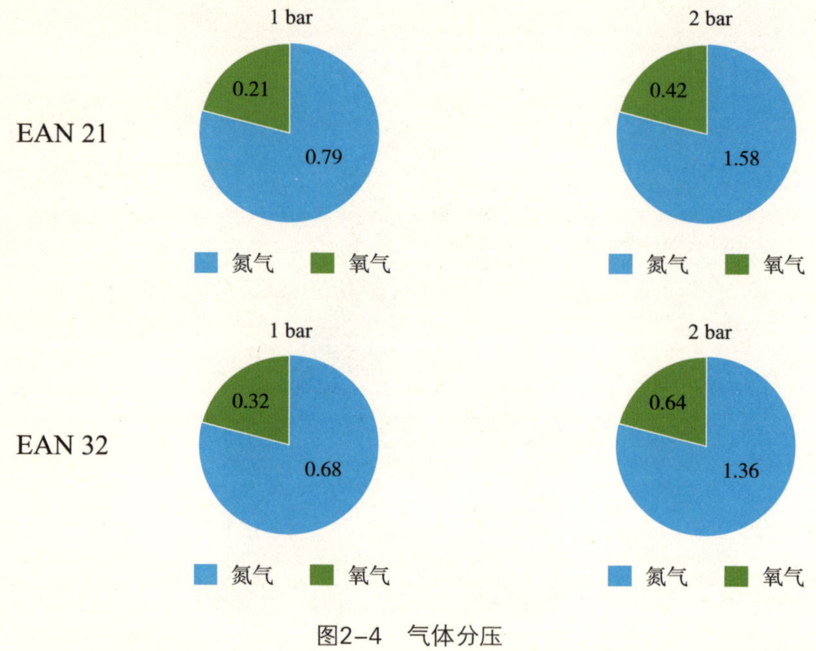

图2-4 气体分压

氧气分压（Partial Pressure of Oxygen，简写为PO_2）是指在混合气体中，氧气含量与周围环境压力的乘积。

在开放水域潜水员课程中我们学过，海平面的大气压力是一个大气压（1 bar），海水里每增加10 m，增加一个大气压。那么在海里氧气的分压等于高氧气体中氧气的比例（海平面的氧气分压）乘以深度的绝对值。在10 m深度，EAN 40的氧气分压是0.4 × 2=0.8。可见，下潜越深，氧气分压越高。

图2-5 高氧潜水员在海底

四、亨利定律

亨利定律也是物理化学的基本定律之一。由英国的Henry（亨利）在1803年研究气体在液体中的溶解度规律时发现。可表述为在一定温度的密封容器内，气体的分压与该气体溶在溶液内的摩尔浓度成正比。

并且气体的分压也决定了它的溶解度，如果压力增大，气体溶解度也会增大。例如，在2 bar水压中，溶解的气体是在水面的2倍，并且溶解气体的比例不变，即在2 bar水压下，氧气分压为$0.21\times2=0.42$，氮气分压为$0.79\times2=1.58$。

同样，如果您使用高氧气体的话，EAN 32在2 bar的水压下，氧气分压为$0.32\times2=0.64$。

认识高氧对人体的影响

高氧不是万能气体，使用高氧时必须做好潜水计划，随时注意氧中毒的症状。使用高氧也不是万无一失的，仍然需要预防减压病的发生。

本单元学习内容：

※ 呼吸气体

※ 氧气暴露值

※ 氧中毒

※ 减压病的影响

※ 意外情况处理

一、呼吸气体

在潜水中，为了计算方便，我们默认气瓶中气体就是21%的氧气和79%的氮气。

图3–1　普通气瓶

氧气对人体新陈代谢至关重要，正常人在缺氧情况下4 ~ 6 min便会有生命危险。氧气通过人的呼吸进入肺里，再透过肺泡膜到达血液，与血液中的血红蛋白结合，随着人体血液循环运输氧气到达身体各部分组织，与葡萄糖一起在酶的催化下发生反应，维持人生存所需的能量和热量。

至于多余的氧气，可以被人体代谢或者吸收，所以在休闲潜水极限范围内，多余的氧气不会形成导致减压病的小气泡。

吸入纯氧会损害肺的上皮层，长时间吸入100%的氧气会发生肺氧气中毒。而吸入高压的纯氧会更快地引起肺的损伤，主要是破坏肺泡毛细血管，并使纤毛的功能发生障碍。

二、氧气暴露值

在第一单元中提到，用高氧潜水好处很多。那么是不是氧气浓度越高越好呢？并不是，使用高氧气体时需要注意的是：氧气暴露必须维持在安全极限以内，否则会容易造成氧气中毒的情况。

从亨利定律可以看出，氧气分压是根据深度改变而变化的，计算氧气分压的公式如下：

$$PO_2=[(深度/10)+1]\times FO_2$$

在普通压缩空气潜水中，比较少去考虑氧气中毒的情况。但是身为一名高氧潜水员，您需要控制您的氧气暴露值，既需要考虑氧气的浓度，又需要考虑潜水的深度。氧气分压越高，潜水员暴露安全极限时间越短，并且它和氮气暴露极限值一样，多次重复潜水需要追踪氧气暴露值。

潜水电脑便是我们用来追踪重复潜水时氧气累计的极限值的方便工具。

表3-1　不同深度的氧气分压

氧气分压				
深度	压力	压缩空气	EAN 32	EAN 36
0	1 bar	0.21	0.32	0.36
10 m	2 bar	0.42	0.64	0.72
20 m	3 bar	0.63	0.96	1.08

表3-1是不同深度的氧气分压表，也就是氧气分压随着深度的变化的总结。从表3-1可以看出，氧气分压是随着深度的增加而增大。

表3-2　氧气暴露时钟值

氧气分压（bar）	单次暴露时长（min）	24 h极限（min）
1.6	45	150
1.5	120	180
1.4	150	180
1.3	180	210
1.2	210	240

※ 数据来源：NOAA潜水手册

在表3-2里面氧气分压的数字最大不超过1.60。这是因为氧气分压过高又会导致氧中毒。NOAA潜水手册中建议，当氧绝对分压为1.6 bar时，最大单次暴露时间为45 min；在1.4 bar时为150 min；在1.2 bar时为210 min。氧气分压和暴露时间超过了以上建议值时，会有氧中毒的危险。有一个很形象的名称来称呼这个氧气暴露值的累积程度——“氧气时钟值CNS Clock”，它就像一个滴答作响的时钟，提醒着我们极限时间的推进。

当潜水员进行多次高氧潜水时，如果在24 h内水底总时长超过180 min，或者单次潜水氧气分压超过1.4，就必须注意氧气时钟值的累积了。

知识链接

NOAA美国国家海洋和大气管理局（National Oceanic and Atmospheric Administration）是1970年成立的官方科研机构，致力于研究海洋环境、主要水体和大气环境。

三、氧中毒

氧中毒（Oxygen toxicity），是指机体吸入氧气分压高于一定阈值的气体，并达到一定时长后，某些系统或器官的功能与结构发生病例变化而表现出来的病症。其中中枢神经氧中毒和肺部氧中毒是最需要引起关注的严重病症。

氧中毒与氧气分压和暴露时长息息相关，氧气分压越高，氧中毒越快。

1. 中枢神经氧中毒

中枢神经氧中毒（Central nervous system oxygen toxicity）也叫鲍贝尔特效应（Paul Bert effect）或者脑型氧中毒，是比较严重的一种氧中毒情况，可以在非常短的时间内发生，显示出急性症状。症状有视觉改变（特别是管状视），耳鸣，恶心，抽搐（尤其是脸部），行为改变（烦躁，焦虑，意识模糊），头晕等。之后可能会出现阵挛性癫痫发作，这在水下是致命的。

在水底，中枢神经氧中毒引起的抽搐会让潜水员无法咬住调节器，危及生命。

氧中毒也有可能影响到肺部和眼睛，如果潜水员怀疑自己有氧气中毒的症状，请马上提示潜伴并立即开始有控制地上升。

表3-3 氧中毒表现

暴露时间（min）	出现反应者	症状
96	1	长时间的晕眩、激烈的痉挛性呕吐
60 ~ 96	3	嘴唇激烈抽搐、极度兴奋、恶心晕眩、手臂抽搐

续表

暴露时间（min）	出现反应者	症状
50 ~ 55	4	嘴唇激烈抽搐、晕眩、口吐白沫、睡着、呆滞
31 ~ 35	4	恶心晕眩、嘴唇抽搐、抽筋反应
21 ~ 30	6	抽筋反应、有睡意、嘴唇激烈抽搐、上腹不适感、手臂抽搐、失忆
16 ~ 20	8	抽筋反应、呕吐、嘴唇激烈抽搐、上腹不适感、呼吸困难
11 ~ 15	4	呼吸急促、嘴唇激烈抽搐、昏厥、恶心、知觉混乱
6 ~ 10	6	迷茫、嘴唇抽搐、感觉异常、晕眩、横膈膜痉挛、强烈恶心感

※ 数据来源：Donald，Kenneth W（1947）.《人体氧中毒》

人体氧中毒一般会有两个阶段，几秒钟的强烈肌肉收缩（强直期），随后肌肉的快速痉挛产生抽搐（阵挛期），发作后是一段无意识时期，这个时期二级头可能会从嘴里掉出来。癫痫发作的开始取决于呼吸气体中氧气的分压和暴露时间（CNS氧气时钟值），然而，发病前的暴露时间是不可预测的。测试表明，无论是不同个体还是同一个体，每次都会有很大的差异。与减压病相似，二氧化碳的含量增加也会加速中枢神经氧中毒，过大的运动量会产生更多的二氧化碳，也有很多外部因素如水下浸泡时间过长，寒冷和过度运动。

有时中枢神经氧中毒的严重症状会直接出现昏厥，而没有之前的症状，或者只有非常短的症状期就出现昏厥，这是非常危险的，所以请时刻关注潜伴和自身的状态。

如果发现自己或者潜伴有出现中枢神经氧中毒的情况，应该立即终止潜水，示意潜导及潜伴，开始上升至水面。

剧烈的运动更容易导致氧中毒，所以请时刻牢记休闲潜水是一项休闲的娱乐活动而不是竞技活动，如果快要接近氧气暴露极限值，应该停止剧烈运动，降低氧中毒的风险。

2. 肺部氧中毒

肺部氧中毒（Pulmonary toxicity）也叫劳伦史密斯效应（Lorrain Smith effect）。肺和呼吸道是最早显示毒性的器官。但是肺部氧中毒的情况在休闲潜水中比较罕见，通常在暴露于氧气分压大于0.5 bar时会出现，相当于标准大气压下50%的氧气。最初为类似上呼吸道感染引起的气管刺激症状，轻微的痒，轻度干咳，胸骨后不适（刺激或烧灼感），并缓慢加重；然后出现胸骨后疼痛，且疼痛逐渐沿支气管向整个胸部蔓延，吸气时更为严重；疼痛逐渐加剧，出现不可控制的咳嗽；最严重时会出现呼吸困难的症状，即使不活动也会感觉到不适和疼痛。

一般来说，一旦发现肺部氧中毒初期症状就应立即停止潜水，在水面呼吸休息，中毒症状就会消失。谨慎起见，在症状完全消失之前不要继续潜水。

严重的肺部氧中毒可以通过高压舱进行治疗，一般治疗结束后明显症状会在2～4 h内消失，全部症状需要1～3 d才能完全消失，几周内如有上呼吸道感染情况，会发生症状复发。

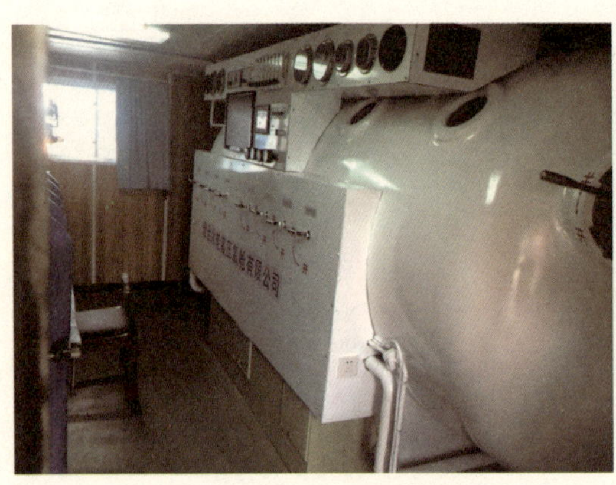

图3-2　高压舱外部

图3-3　高压舱内部

知识链接

氧中毒导致的抽搐对潜水员来说非常危险，可能会导致潜水员失去调节器后溺水。全面罩潜水的优点之一是可以防止这种抽搐造成的调节器丢失，但是全面罩需要进行专门的训练才可以使用。请咨询您的教练关于全面罩潜水专长的信息。

氧中毒相关因素有很多，每个个体每天的情况都不一样，剧烈运动、高氧气体暴露次数、过低的温度、紧张焦虑、失眠、药物等都会影响到氧中毒的速度。

3．影响因素

氧中毒也是存在着个体差异的，不同个体对高氧的耐受力差别很大，即使是同一个体，在不同时间、不同状态下对于高氧的耐受力也是有着不同的。

使用高氧有可能降低通气反应，在使用极限的深处呼吸压缩气体时，过度运动有可能导致二氧化碳积聚，从而增加失去意识的风险。

二氧化碳分压的增高，会引起氧中毒。在使用高氧时，血红蛋白与氧气结合，无法及时带走新陈代谢产生的二氧化碳，造成脑组织中二氧化碳的积聚，使脑血管扩张，进一步增加了到达脑组织中的氧气量。所以我们要保持不间断的呼吸，避免造成二氧化碳的积聚。

运动也会引起氧中毒，尤其运动量过大时候，容易发生中枢神经氧中毒。

一般来说较低温度可以增加对高氧分压的耐受力，但是过低的温度会使人体产生寒战，能量消耗增加，反而会降低对高氧分压的耐受力。

四、减压病的影响

高压环境下溶解在人体组织和血液中的惰性气体（主要是氮气）在压力减小的过程中逸出而形成气泡，如果压力减小过快而形成人体无法正常释出的较大气泡，便会导致减压病。

在潜水结束上升过程中，随着周围压力的减小，微气泡会逐渐变大并与周围的微气泡结合，直到破裂后进入静脉系统，随着血液循环回心脏。进入肺泡中的气体多是无害的，但是当累积速度远快于扩散速度时，会形成人体不同部位的减压病，例如肺部减压病，关节周围的气泡会导致关节疼痛，有些皮肤微血管扩散出来的气泡形成皮肤红疹，等等。

体内气泡形成有两个必要条件，一个是人体暴露在高压条件下一定时间，体内溶解了一定量的气体，惰性气体的溶解量达到饱和状态；另一个是周围环境气压迅速地降低，惰性气体快速逸出的速度超过释出体外的速度。

高氧气体中氧气含量要比普通空气中的高，氧气分压也高于普通空气的氧气分压。这就意味着在高压条件下，使用高氧气体进行潜水时人体溶解的氮气要比使用普通空气进行潜水的少。气体析出过程中，氧气会与血液中的血红蛋白结合输送到人体组织，参与呼吸。

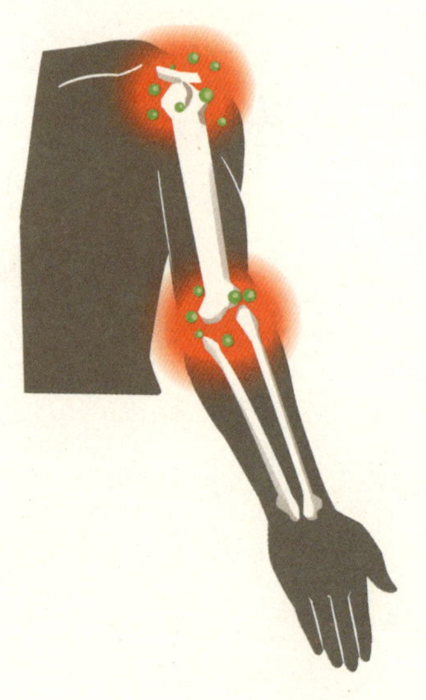

图3-4　氮气泡积聚

但是这并不意味着使用高氧气体进行潜水就万无一失，绝对不会罹患减压病。当人体中惰性气体一旦形成较大气泡，气泡周围的组织和液体中溶解的各种气体，包括氧气，都会向气泡内扩散，加剧气泡的形成。所以在使用

高氧的过程中，遵守开放水域潜水员中学到的守则是非常重要的，不要超过上升速度极限，不要超过免停留潜水的极限。

减压病发病的影响因素有很多，至今仍在对它的安全边际和预防措施进行研究。低温，体力消耗过快，潜水员的健康状况、体脂含量、年龄等都会产生影响，酒精、药物甚至体表大片瘢痕组织都可能成为罹患减压病的原因。但是一般来说，一份良好的潜水计划表，合理的潜水程序和严格遵守潜水守则，会最大限度地保护潜水员。

使用高氧气体不是忽视减压病的理由，虽然在休闲潜水中减压病发生的概率并不高，但是无论是使用普通压缩空气还是高氧气体，都要严格遵守能够降低减压病形成概率的规定，例如安全停留、在上升过程中时刻注意自己的速度不超过极限、避免寒冷或脱水等。

五、意外情况处理

1．氧气中毒

如果潜伴在海底出现氧气中毒的症状，需要先确保潜伴的调节器是在嘴中的，扶着对方的二级头以免调节器从口中掉出，带着他开始向水面上升。如果他的调节器已不在口中，就不要浪费时间给他塞回去，要迅速将他带到水面。当然您应该时刻关注您的潜伴及自己的身体状况，避免出现如此严重的情况。

如果是不严重的氧中毒，上升到较浅深度您就能感觉到症状有所缓解，这时再按正常速度上升至水面休息。如果是严重的氧中毒，将潜水员带到水面后帮您自己及对方建立正浮力，检查他的呼吸，赶紧求救。如果有条件，为他实施人工呼吸和心肺复苏。上岸后立即联系附近的医疗机构，及时将患者送入医院进行治疗。

总的来说，对于氧中毒的患者，关键在于能够及时发现症状，并尽快脱离高氧分压的环境。

2．减压病

罹患减压病后，在到达船上或岸上时由持有紧急供氧员执照的人对其进行100%纯氧呼吸治疗，并及时送到医疗机构接受治疗。如有必要，请尽早采取高压氧舱治疗。

图3-5　减压舱

如果周围没有急救氧气，或者没有合格的供氧员，就用您的高氧气瓶给他呼吸。即使没有急救氧气有效，但是氧气含量高于普通空气，还是会有一定作用。

小贴士

对于潜水的急救，可以询问您的教练关于救援潜水员的课程内容，这些内容在救援潜水员课程中都会为您详细介绍。学习救援潜水员，不仅对自己的潜水安全有着更好的保障，也能为您的潜伴提供及时的帮助。

高氧潜水装备

高氧潜水的装备可以和普通空气装备通用，但是要知道高氧的气体会加速装备的氧化。所以与之直接接触的装备尤其是金属制品，更建议选择特别设计做过防氧化处理、专门用以适合高氧潜水的装备，并且所有装备上的O圈都要勤检查，及时更换。认识并了解高氧潜水用到的普通装备和专用装备，对高氧潜水之旅非常重要。

本单元学习内容:

※ 与压缩空气潜水通用装备

※ 高氧潜水专用水下装备

一、与压缩空气潜水通用装备

高氧潜水中氧气含量比一般气瓶中高，所以需要将与之直接接触的装备尤其是金属制品进行适氧处理。而不与之直接接触的大部分装备依然是使用和普通气瓶潜水一样的装备，没有必要特意做出区别。

1．面镜

面镜不会与氧气直接接触，所以在高氧潜水中，我们依然用普通潜水面镜。面镜分为双片镜双片镜、单片镜、三面镜、椭圆一体镜、全面罩。

单片镜：大镜片有着更大的视野，边缘部分少于双片镜，衔接处漏水概率减小。

双片镜：非常方便更换为近视镜，并且面镜容积略小于单片镜，镜片比单片镜小，更不容易破裂。

图4–1　单片面镜

图4–2　双片面镜

请咨询教练，并进行现场试戴，选择最适合自己脸型的面镜。也可以将面镜带外翻，不要扣在后脑，仅将面镜放置于脸上，然后轻轻吸气，正视正前方时面镜不会掉下，证明它较为贴合脸部。

2．呼吸管

呼吸管是在海面呼吸的必备用具，有了它在海面就不必抬起头来才能换气，可以专心欣赏水下的珊瑚鱼群。尤其在海面有风浪的时候，熟练掌握呼吸管的使用可以保证正常呼吸。在休闲潜水活动中，海面呼吸都是通过呼吸管来完成的，这样可以节省气瓶中的气体。

常见的呼吸管有干式呼吸管、半干式呼吸管和湿式呼吸管。

干式呼吸管是有着下排水阀和上封闭阀的呼吸管，可以靠吹气的方法从上方或下方排出呼吸管中的进水，而当浪打过来时，上方封闭阀的小阀片会顺势闭合阻断水向呼吸管中流动，不易因为呼吸管上端进水而呛到潜水员。干式呼吸管在弯道处以及咬嘴处是硅胶或较软PVC材质，而在其他部位是较硬PVC材质。

半干式呼吸管外表看起来和干式呼吸管区别很小，只是上端没有封闭阀，水可以轻易从上端灌入呼吸管，也能轻松从上端吹出。

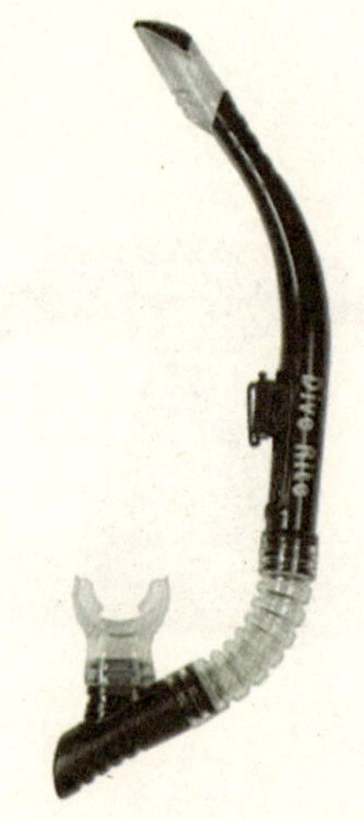

图4–3　干式呼吸管

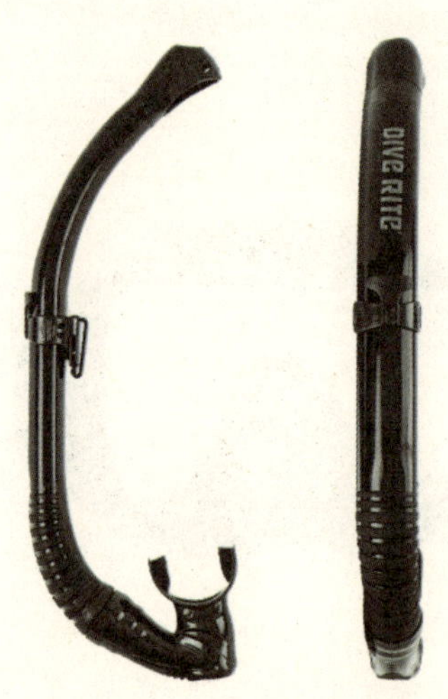

图4–4　湿式呼吸管

湿式呼吸管是没有排水阀的呼吸管，在其弯道处或咬嘴处是硅胶或较软PVC材质，而在其他部位是较硬PVC材质；而有些湿式呼吸管通体均为柔软材质，甚至整条呼吸管可卷起携带。

3．脚蹼

脚蹼是潜水员的重要装备之一，一双适合您、推动力强的脚蹼是极其重要的。一双舒适、动力十足的脚蹼，再加上正确的身体姿势和踢动姿势，能让水下的旅程轻松又愉快。

脚蹼分为需要潜水靴的可调整式脚蹼与不需要潜水靴的套脚式脚蹼。

可调整式脚蹼：需要穿潜水靴，非常适合岸潜时候走过砂砾地带，在水中的时候也能方便穿脱。

图4–5 脚蹼

图4–6 潜水靴

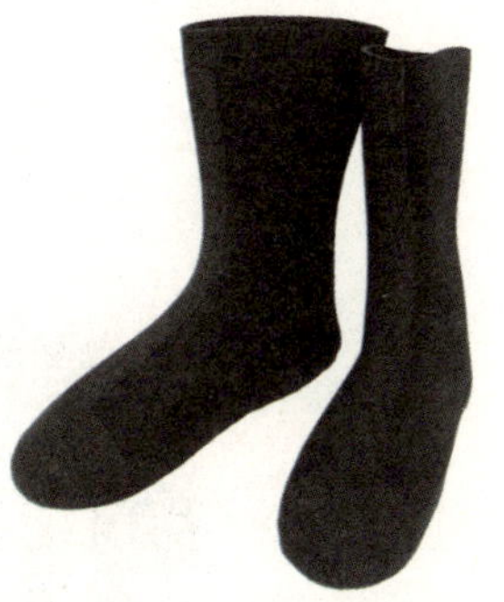

图4–7 潜水袜

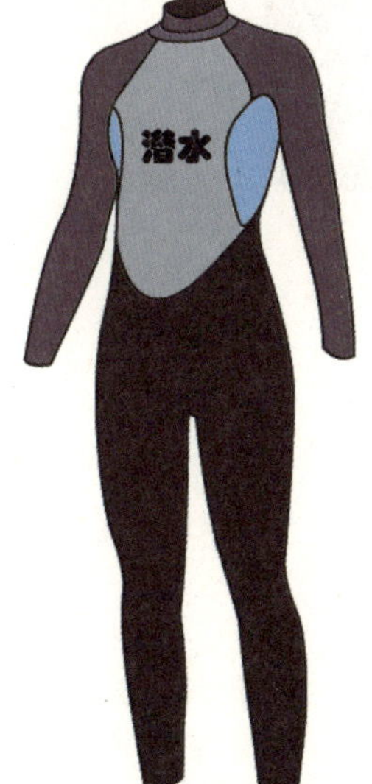

图4–8 湿衣

不同区域适用不同的脚蹼，可以请教练根据当地潜水条件和您的需求帮您选择一款合适的脚蹼。脚蹼需要贴合脚部，在水下时脚不会在脚蹼中晃动，脚蹼也不会紧紧压迫脚部。

4．防寒衣

在水中热量流失的速度大约是空气中的25倍，在水中停留较长的时间时便需要穿着防寒衣来保证核心躯干部位的温度，避免失温引起的危险。即使是在热带水域潜水，也需要皮肤衣来防止水中生物的伤害。

防寒衣一般分为干衣、湿衣、皮肤衣。

湿衣有长款与短款、分体式，厚度常见有2 mm，3 mm，5 mm，7 mm，请依照水域情况选择合适的防寒衣。

防寒衣对潜水员的重要性毋庸置疑，做好水下保暖工作可有效降低减压病和氮醉的发病率，但是也请注意不要在岸上穿着过多而引起中暑。

5. 浮力控制装置

浮力控制装置（BCD）是在水中控制浮力的主要组件，它可以控制潜水员的下潜和上升，一旦到达水面，充满BCD便可以提供正浮力在让潜水员漂浮在水面上休息。BCD在充气过程中会与少量纯氧进行直接接触，但是BCD内部不容易和氧气发生反应，所以一般来说我们依然会使用普通BCD来应对高氧潜水。

图4-9 不同种类BCD的图片

市面上常见的浮力控制装置有夹克式与背飞式，请您的教练介绍不同BCD的特性，选择一款适合的BCD。

如果有条件，每年保养或检视一次BCD，确保气囊上没有破洞，软管没有老化，低压充气阀运转良好，没有卡住。

二、高氧潜水专用水下装备

大家都知道，氧气是助燃物，在同样的情况下高氧气体比普通压缩空气更容易有着火的隐患，有些材质即使在室温下接触到高氧空气都有可能会燃烧，而且暴露于高氧气体中的一些装备材质也非常容易被腐蚀和快速氧化。

1．高氧气瓶

在高氧潜水中最常用的专用装备当属高氧气瓶了，高氧潜水所用的气瓶与普通气瓶在视觉上就能轻易分辨，高氧气瓶都带有高氧标识。

在潮湿或有水条件下，氧气对钢材有强烈的腐蚀性，所以高氧气瓶在使用前必须做适氧清洁，并且需要定期进行检查，尤其是采用分压填充法（Partial Pressure Blending）的高氧气瓶。请选用正规气站填充高氧气体。

在休闲潜水中最常见的高氧气体是EAN32和EAN36，有时也会用到EAN40的高氧气体。

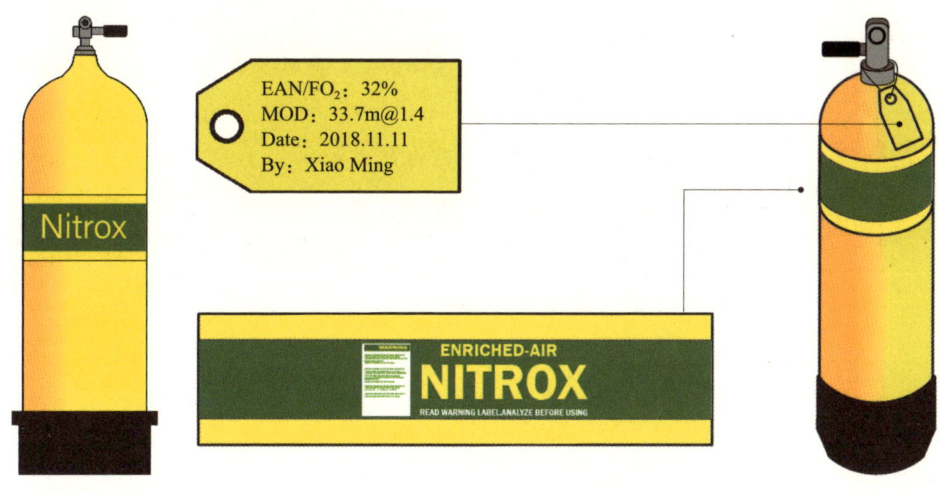

图4-10　高氧气瓶

图4-11　高氧气瓶标签

※ 注：Nitrox：高氧　EAN/FO$_2$：高氧/氧气分压　MOD：最大操作深度

Date：日期　By：填写人

小贴士

分压填充法（Partial Pressure Blending）是一种高氧气瓶的填充方法，它是先在气瓶中填充纯氧，然后再加入压缩空气，将整个气瓶的气体调节到需要的高氧浓度。如果采用这种方法填充，气瓶和气瓶阀会接触到纯氧气体，所以需要做好适氧清洁，并使用符合适氧标准的O形圈和润滑油。

在高氧气瓶填充的过程中要注意安全，杜绝火源。高氧气体中氧含量较高，容易起火。填充人员必须持有相应培训资质。

一般高氧气瓶的外观是有着公认的形象的。

1. 常见的高氧气瓶是黄色的瓶身，上面绕着一圈绿色贴纸，上面印有很大的字体“Enriched Air（高氧）”“Enriched Air Nitrox（高氧潜水）”或“Nitrox（高氧）”。

2. 有些气瓶看起来和普通压缩空气气瓶一样，但是在瓶上半部绕有一条绿色黄边的贴纸，上面印着很大的字体“Enriched Air（高氧）”“Enriched Air Nitrox（高氧潜水）”或“Nitrox（高氧）”。

3. 高氧气瓶上还经常有一张贴纸或标签，上面注有这支气瓶现在的高氧气体含量以及填充日期、可使用的最大深度和填充人员姓名。有时这个标签或贴纸甚至是一个写有字的防水胶带。每一次在充气结束时要及时撕掉旧的标签，更换最新的标签。

如果不小心用普通压缩空气来填充了高氧气瓶，请在重新填充高氧气瓶前进行适氧清洁。

2. 调节器

调节器是另一件需要适氧处理的专用装备。常见的经过适氧处理的高氧调节器是绿色的，鲜亮显眼。

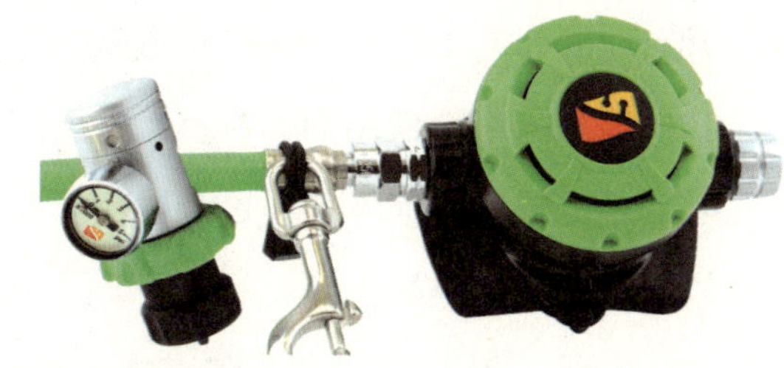

图4-12 高氧潜水调节器

无论是一级头、主二级头还是备用二级头，均为高氧适用专用装备。

图4-13 高氧备用二级头

3. O形圈和润滑油

和高氧气体接触的潜水装备中容易被高氧迅速氧化的部分是O形圈，普通O形圈只是一般的橡胶制品，在遇到高氧气体时容易产生氧化反应变得发黏，甚至普通橡胶和油脂在高压下遇到高氧有可能产生爆炸。所以在和高氧接触的装备中，O形圈和润滑油都要使用适氧材质的。

4. 潜水电脑

市面上绝大部分的潜水电脑都有可以设置氧气浓度的功能，用它们可以轻松地计算出氧气分压在特定深度可以停留多长时间，并且会提示潜水员不能超过最大安全边际深度。

市面上最常见的是腕带式潜水电脑，有普通的电子显示式，有彩屏的，也有和一级头发射器结合使用的。有些潜水电脑可以调节为高氧模式，甚至自由潜模式。各种潜水电脑功能不同，价位也相差较大，请教您的教练，请他帮忙选择一款最适合您的潜水电脑。

同时潜水电脑也兼顾着它最基本的功能，自动计算体内余氮量，提示禁飞时间以及潜水员是否上升速度过快。潜水电脑是潜水员必备的装备之一。

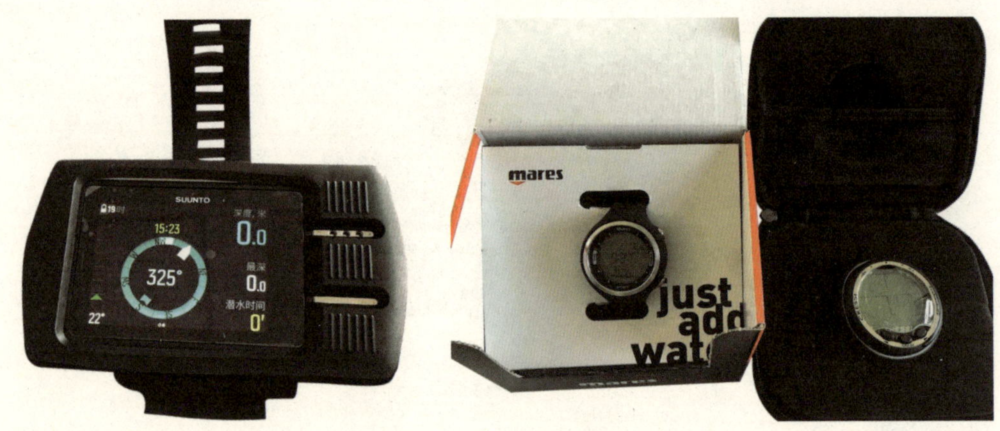

图4–14　潜水电脑

在使用高氧气体时，潜水电脑需要从普通空气模式切换到高氧模式，在设置里找到“高氧”的选项，将高氧的数值按照将要使用气瓶的比例设置，潜水电脑便能够随时提示潜水员的极限深度以及免停留减压极限，非常方便、安全。

5. 氧气分析仪

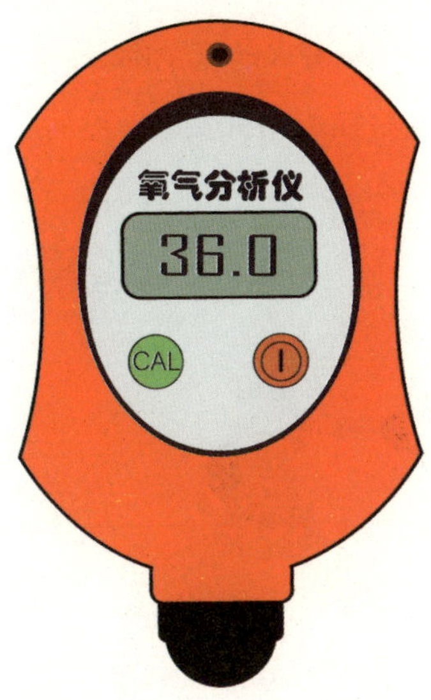

图4–15 氧气分析仪

氧气分析仪是高氧潜水中非常重要的装备。只有正确分析了气瓶中气体含量，才能据此设定出安全的潜水计划。

每个高氧潜水员必须学会如何分析气瓶中的气体氧气含量，并且每次在拿到气瓶以后自己来测试这个数据，或者要亲自看着操作员测试出准确数据。

氧气分析仪使用步骤：

① 打开分析仪的开关。通常来说每次使用分析仪之前需要先做校准。先用普通气瓶作为校准气源来测试分析仪（请注意是普通气体，而不是高氧气体），让校准气源流动至少30 s以上，分析仪读数没有太大变化时读取数据，确认分析仪是否准确。

② 缓慢打开要测试的气源，先等排出气瓶阀中的空气，当正常气瓶中气体流出后，30 s以上分析仪读数稳定后进行数据读取。切记要缓慢打开气瓶阀，过快打开的高压高氧气体可能会存在着火的安全隐患。

③ 将读取的数据写在高氧气瓶专用标签上，然后贴在刚测试完的气瓶上。

图4-16　氧气分析仪的使用

氧气分析仪的使用是每位高氧潜水员必备的技能。

市面上有很多不同种类的高氧分析仪，有些是可以直接接在气瓶上的，有些则是通过管线与气瓶连接，请根据装备商的使用须知进行操作。

建议购买自己的专用氧气分析仪，在复测气瓶的时候会比较方便，不需要排队等候。并且与潜水中心提供的氧气分析仪不同型号，将两个测试数据进行比较会更加准确。

在购买装备时我们会发现有些装备生产商会写明此装备适用于高氧潜水，或者此装备不适用于高氧潜水，有些则要求经过适氧处理后才能用于高氧潜水。请遵照装备生产商的指示进行使用。

第五单元

做好高氧潜水计划

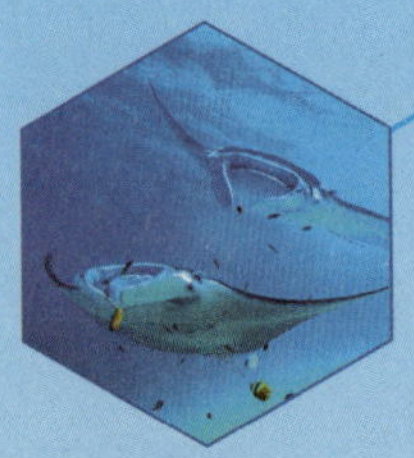

氧中毒是由氧气的绝对氧气分压和暴露时长共同决定的。这就意味着我们要严格控制这两个数据以达到安全潜水的目的，作为一个对自己负责的潜水员，应该在每次潜水前做好潜水计划。

本单元学习内容：

※ 最大操作深度

※ 氮气暴露值

※ 等同空气深度

※ 计划高氧潜水

※ 高氧的填充

一、最大操作深度

最大操作深度（Maximum Operating Depth，简称MOD）是指呼吸气体在氧气分压PO_2不超过极限的情况下，我们能允许的最大深度。这个极限通常范围为1.2 bar至1.6 bar，避免了氧中毒的风险。可见，MOD是根据呼吸气体中氧气浓度和氧气分压极限值得出的。

公式：

$$\text{MOD（msw）}=10\ \text{msw/bar}\times\left[\left(\frac{PO_2\ \text{bar}}{FO_2}\right)-1\right]$$

表5–1 MOD表格

MOD（m）		氧气（%）														
		3	6	9	12	15	18	21	24	27	30	33	36	39	42	45
最大PO_2（bar）	1.6	523.3	256.7	167.8	123.3	96.7	78.9	66.2	56.7	49.3	43.3	38.5	34.4	31.0	28.1	25.6
	1.5	490.0	240.0	156.7	115.0	90.0	73.3	61.4	52.5	45.6	40.0	35.5	31.7	28.5	25.7	23.3
	1.4	456.7	223.3	145.6	106.7	83.3	67.8	56.7	48.3	41.9	36.7	32.4	28.9	25.9	23.3	21.1
	1.3	423.3	206.7	134.4	98.3	76.7	62.2	51.9	44.2	38.1	33.3	29.4	26.1	23.3	21.0	18.9
	1.2	390.0	190.0	123.3	90.0	70.0	56.7	47.1	40.0	34.4	30.0	26.4	23.3	20.8	18.6	16.7

在进行多次重复潜水时，PO_2要控制在安全范围内，也就是1.4 bar或者更低。从上表可以看出，当使用EAN 30的高氧气体时，要维持1.4 bar的安全水平，MOD为36.7 m。

二、氮气暴露值

在进行高氧潜水时，需要时刻关注氧气暴露值，但是这并不代表着可以轻视氮气暴露值，即便是在高氧潜水中，氮气暴露值也是重要的数据。

图5-1　用高氧管理氮气暴露值

高氧潜水能极大地减少氮气暴露值，并且可以通过高氧潜水的潜水电脑来管理氮气暴露值，以获得更长的水下时长。如果有兴趣，也可以根据普通潜水电脑或者潜水计划表来管理氮气暴露值，这样可以获得更高的水下安全边际。但是在用普通潜水电脑或潜水计划表来管理氮气暴露值时，一定要谨记自己的氧气暴露值不能超过限制。

在理想情况下，潜水应该从比较大的深度开始，逐渐变浅，形成一个逐渐上升的潜水侧面图。每一天中也应该将最深一潜安排在第一潜来进行。

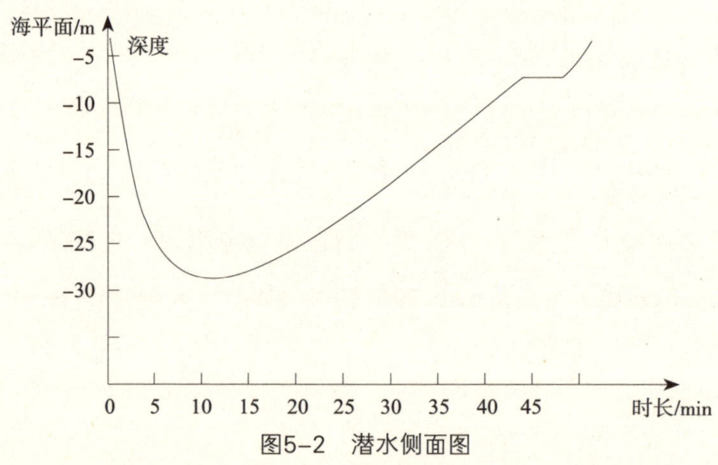

图5-2　潜水侧面图

三、等同空气深度

等同空气深度（Equivalent Air Depth，简称EAD）是使用高氧潜水时用来计算免减压时间的方法，使用高氧气体潜水时的深度对应为使用普通压缩空气时潜水的深度。例如，在27 m使用EAN36的高氧气体潜水，EAD是20 m。

公式：

$$P_{EAD}=\frac{FN_2\text{（nitrox）}}{FN_2\text{（air）}}\cdot P_{depth}$$

EAD =（深度+10）×氮气含量百分比/0.79−10

其中0.79为普通压缩空气中氮气含量百分比。

例如，用EAN36在27 m潜水时，氮气的含量为0.64，则

EAD =（27+10）×0.64/0.79−10 = 20

得出结论，此时EAD为20 m。

四、计划高氧潜水

用高氧潜水可以减少氮气暴露，但是氮气还是存在并占有很大比例，所以依然有罹患减压病的风险。所以在高氧潜水时，不但需要追踪CNS时钟值，还需要注意免减压极限。可以根据潜水计划表和等同深度表来制订高氧潜水计划。

知识链接

美国国家海洋和大气管理局（National Oceanic and Atmospheric Administration，简称NOAA）指出，计划表上的免停留极限并不是一条明显的分界线。这个极限大部分时候是有效的，但是每个人每天的情况都是不一样的，有时会出现极限失效的情况。

表5-2　休闲潜水计划表

CDSA休闲潜水计划表																		
深度		免停留时间	重复潜水分组符号															
英尺	m	min	A	B	C	D	E	F	G	H	I	J	K	L	M	N	O	Z
10	3	不限	56	100	157	244	425	*										
15	4.6	不限	35	59	87	120	162	216	296	448	*							
20	6.1	不限	25	42	60	81	105	132	164	204	255	329	460	*				
25	7.6	594	20	32	46	61	77	96	116	139	165	197	235	284	353	468	594	
30	9.1	370	17	26	37	49	61	75	90	106	124	144	166	192	222	259	306	370
35	10.7	231	14	22	31	41	51	62	73	86	99	114	130	147	167	189	214	231
40	12.2	162	12	20	26	35	43	52	62	72	83	94	107	120	134	150	162	
45	13.7	124	11	17	23	30	38	45	54	62	71	81	91	101	113	124		
50	15.2	91	9	15	20	27	33	40	47	55	62	70	79	88	91			
55	16.7	73	8	14	19	24	30	36	42	49	55	62	70	73				
60	18.2	59	7	12	17	21	27	32	38	44	50	56	59					
70	21.3	47	6	10	14	19	22	27	31	36	41	46	47					
80	24.4	38	5	9	12	16	20	23	27	31	35	38						
90	27.4	29	4	7	11	14	17	20	23	27	29							
100	30.5	24	4	6	9	12	15	18	20	24								
110	33.5	20	3	6	8	11	14	16	19	20								
120	36.6	15	3	5	7	10	12	15										
130	39.6	10	2	4	6	9	10											
140	42.7	10	2	4	6	8	10											
150	45.7	5	2	3	5													
160	48.8	5		3	5													
170	51.8	5			4	5												
180	54.8	5			4	5												
190	57.9	5			3	5												
	*为在此深度的最高重复潜水分组符号，不论多长时间																	

※ 英尺现为非标准计量单位，本表格统一使用英尺　1英尺=0.305米

表5-3 余氮计算表

1. 从表上部斜行部分查到前次潜水结束时反复潜水分组符号，水平向右查到水面间隔时间所在列。

2. 垂直向下读取新的反复潜水分组符号，继续向下查到与反复潜水深度的交叉点，该值为余氮时间，将该值与反复潜水作业时间相加，即获得新单次潜水时间。

3. 水面间隔超过某行给出的最长时间的不作为反复潜水，可直接使用空气减压表。

4. 不可根据本表确定余氮时间。

5. *t* 向下取30 fsw深度处的余氮时间，并使用空气减压表的30 fsw方案减压。

																A⇨	0:10 2:20*
															B⇨	0:10 1:16	1:17 3:36*
														C⇨	0:10 0:55	0:56 2:11	2:12 4:31*
													D⇨	0:10 0:52	0:53 1:47	1:48 3:03	3:04 4:31*
												E⇨	0:10 0:52	0:53 1:44	1:45 2:39	2:40 3:55	3:56 6:15*
											F⇨	0:10	0:53	1:45	2:38	3:32	4:49
										G⇨	0:10 0:52	0:53 1:44	1:45 2:37	2:38 3:29	3:30 4:23	4:24 5:40	5:41 8:00*
									H⇨	0:10 0:52	0:53 1:44	1:45 3:37	2:38 3:29	3:30 4:21	4:22 5:16	5:17 6:32	6:33 8:52*
								I⇨	0:10 0:52	0:53 1:44	1:45 2:37	2:38 3:29	3:30 4:21	4:22 5:13	5:14 6:08	6:09 7:24	7:25 9:44*
							J⇨	0:10 0:52	0:53 1:44	1:45 2:37	2:38 3:29	3:30 4:21	4:22 5:13	5:14 6:06	6:07 7:00	7:01 8:16	8:17 10:36*
						K⇨	0:10 0:52	0:53 1:44	1:45 2:37	2:38 3:29	3:30 4:21	4:22 5:13	5:14 6:06	6:07 6:58	6:59 7:52	7:53 9:09	9:10 11:29*
					L⇨	0:10 0:52	0:53 1:44	1:45 2:37	2:38 3:29	3:30 4:21	4:22 5:13	5:14 6:06	6:07 6:58	6:59 7:50	7:51 8:44	8:45 10:01	10:02 12:21*
				M⇨	0:10 0:52	0:53 1:44	1:45 2:37	2:38 3:29	3:30 4:21	4:22 5:13	5:14 6:06	6:07 6:58	6:59 7:50	7:51 8:42	8:43 9:37	9:38 10:53	10:54 13:13*
			N⇨	0:10 0:52	0:53 1:44	1:45 2:37	2:38 3:29	3:30 4:21	4:22 5:13	5:14 6:06	6:07 6:58	6:59 7:50	7:51 8:42	8:43 9:34	9:35 10:29	10:30 11:45	11:46 14:05*
		O⇨	0:10 0:52	0:53 1:44	1:45 2:37	2:38 3:29	3:30 4:21	4:22 5:13	5:14 6:06	6:07 6:58	6:59 7:50	7:51 8:42	8:43 9:34	9:35 10:27	10:28 11:21	11:22 12:37	12:38 14:58*
	Z⇨	0:10 0:52	0:53 1:44	1:45 2:37	2:38 3:29	3:30 4:21	4:22 5:13	5:14 6:06	6:07 6:58	6:59 7:50	7:51 8:42	8:43 9:34	9:35 10:27	10:28 11:19	11:20 12:13	12:14 13:30	13:31 15:50*
反复潜水深度		Z	O	N	M	L	K	J	I	H	G	F	E	D	C	B	A
fsw	m	⇩	⇩	⇩	新 ⇩	的 ⇩	反 ⇩	复 ⇩	潜 ⇩	水 ⇩	分 ⇩	组 ⇩	符 ⇩	号 ⇩	⇩	⇩	⇩
10	3	**	**	**	**	**	**	**	**	**	**	**	427	246	159	101	58
15	4.6	**	**	**	**	**	**	**	**	450	298	218	164	122	89	61	37
20	6.1	**	**	**	**	**	462	331	257	206	166	134	106	83	62	44	27

续表

25	7.6	↑	↑	470	354	286	237	198	167	141	118	98	79	63	48	34	21
30	9.1	372	308	261	224	194	168	146	126	108	92	77	63	51	39	28	18
35	10.6	245	216	191	169	149	132	116	101	88	75	64	53	43	33	24	15
40	12.2	188	169	152	136	122	109	97	85	74	64	55	45	37	29	21	13
45	13.7	154	140	127	115	104	93	83	73	64	56	48	40	32	25	18	12
50	15.2	131	120	109	99	90	81	73	65	57	49	42	35	29	23	17	11
55	16.7	114	105	96	88	80	72	65	58	51	44	38	32	26	20	15	10
60	18.2	101	93	86	79	72	65	58	52	46	40	35	29	24	19	14	9
70	21.3	83	77	71	65	59	54	49	44	39	34	29	25	20	16	12	8
80	24.4	70	65	60	55	51	46	42	38	33	29	25	22	18	14	10	7
90	27.4	61	57	52	48	44	41	37	33	29	26	22	19	16	12	9	6
100	30.5	54	50	47	43	40	36	33	30	26	23	20	17	14	11	8	5
110	33.5	48	45	42	39	36	33	30	27	24	21	18	16	13	10	8	5
120	36.6	44	41	38	35	32	30	27	24	22	19	17	14	12	9	7	5
130	39.6	40	37	35	32	30	27	25	22	20	18	15	13	11	9	6	4
140	42.7	37	34	32	30	27	25	23	21	19	16	14	12	10	8	6	4
150	45.7	34	32	30	28	26	23	21	19	17	15	13	11	9	8	6	4
160	48.8	32	30	28	26	24	22	20	18	16	14	13	11	9	7	5	4
170	51.8	30	28	26	24	22	21	19	17	15	14	12	10	8	7	5	3
180	54.8	28	26	25	23	21	19	18	16	14	13	11	10	8	6	5	3
190	57.9	26	25	23	22	20	18	17	15	14	12	11	9	8	6	5	3
余氮时间（min）																	

通过以上两张表，可以绘出此次潜水的潜水侧面图。

在25 m的深度，如果使用普通空气潜水，免停留极限是38 min。然而如果使用EAN 36，免减压时长会由38 min延长至59 min。

$$EAD = (25 + 10) \times 0.64 / 0.79 - 10 = 18.35$$

由休闲潜水计划表中可以查出，免停留极限为59 min。

高氧可以在同样的潜水中更加有效地降低潜水员罹患减压病的风险。如果想要在空气潜水当中进行更安全的潜水，潜水员只需要遵守相同深度下空气的免减压时间极限即可。

潜水氧中毒是完全可以通过良好的计划和正常遵守安全流程来避免的，每次潜水前应该计算出最大操作深度（MOD），高氧潜水员的气瓶也必须遵守要求，清晰标明氧气百分比和最大操作深度。并且潜水计划的绝对氧气分压范围通常要控制在1.4 bar以内。

图5-3　高氧潜水气瓶

根据不同的需求来确定要计划一次安全的高氧潜水：

① 最推荐的方法是使用潜水电脑中的高氧功能，设置好每次潜水的高氧浓度。

② 使用普通空气潜水计划表，牺牲水下时长来保证更高的安全性。

③ 使用等同空气深度公式与普通空气潜水计划表相结合的方法。

其实最简单安全的方法，是拥有一块属于自己的、具有高氧模式的潜水电脑，它会自动计算免减压停留潜水时长及最大操作深度，以及为5 m 3 min安全停留做深度提示和倒计时。

五、高氧的填充

由上面的数据可以看出，在高氧潜水中，氧气的含量对潜水员有着较大的影响，不同的氧气含量决定了高氧潜水中的最大深度及免减压停留的极限。因此作为高氧混气员，比普通气瓶填充员有着更多的注意事项。

请在正规高氧充气站购买高氧气瓶，并且在购买时，正规气站会要求出示高氧证书以证明您受过此项培训。

非高氧适用材质以及未经过适氧清洁的器材可能会对高氧填充产生危险，严重时甚至可能引发着火或者爆炸。

注意如果采用分压填充法的气瓶，一定要先确认气瓶是否经过适氧清洁。即使充气站采用的不是分压填充法，也需要注意填充员必须是合格的高氧气体混气员，严格按照规范和流程来进行高氧混气操作，并且在高氧气瓶填充完毕时要马上更新瓶身标签。混气员需要对高氧气体进行成分测试，将结果记录在瓶身标签以及填充记录上。

切记，作为一名高氧潜水员，在拿到高氧气瓶时第一件事应该是对气瓶进行复测。亲自或者请一位合格的混气员或高氧潜水员来复测气瓶含量，并读取读数，确定气瓶中氧气的含量，然后根据这个数值来设定潜水计划表或者潜水电脑。

不要认为从专业的正规气站购买的高氧气瓶就可以不经过复测而使用，这是对自己不负责的行为。测试将要使用的气瓶是使用高氧规则中的重点，根据规则行事，永远不依靠侥幸心理，做一名真正合格的潜水员。

图5-4

恭喜您完成了高氧潜水的学习！有了高氧专长，您可以在水中停留得更久，能更自如地欣赏水中的风景，也能用更多的时间来等待长尾鲨或翻车鲀的到来。

→→ 作为一名对自己负责的合格潜水员，我承诺不在气候和水文条件不佳的情况下潜水，不在装备不齐全的情况下潜水，不独自潜水，不进行超过自己执照等级和训练水平的潜水。我自己和潜伴的安全是第一位的，我承诺成为一名注重安全、环保的CDSA潜水员。